DVORÁK,

歌劇〈ルサルカ〉〜月に寄せる歌

RUSALKA
Měsíčku na nebi hlubokém

■ ドヴォルジャークとその作品

アントニーン・ドヴォルジャーク（Antonín Dvořák，1841年9月8日クラルビ近郊ネラホゼヴェス〜1904年5月1日プラハ）は、後期ロマン派／国民楽派の時代が生んだ最上の作曲家の一人であり、またチェコを代表する大作曲家だと言える。彼の手になる〈新世界交響曲（交響曲第9番ホ短調）〉や、〈チェロ協奏曲ロ短調〉を知らぬ音楽ファンは居るまい。

彼の父親フランチシェク・ドヴォルジャークはチェコの小さな町で宿屋兼肉屋を営んでいた。父親はときにツィターを弾き歌を口ずさんだが、とりわけ音楽的な家庭というわけではなかった。しかし、アントニーンは生来音楽好きで、当初、村の学校教師から音楽の手ほどきを受け、ヴァイオリンを弾くようになった。父親は息子に家業を継がせたいと思い、それにはドイツ語を習得させねばと、彼をズロニツェ町へ送った。ここで彼はアントニーン・リーマン（1808〜79）という、音楽をよくするドイツ語教師と出会い、オルガン、ピアノ、ヴァイオリン、ヴィオラなどの奏法や、和声学の初歩を習うことができた。リーマンはドヴォルジャークの父親にアントニーンが音楽の才能に恵まれていることを説き、彼を音楽の道に進ませるよう進言してくれた。そこで父親は、15歳の息子をチェスカー・カメニツェ町にあったドイツ語学校に入らせ、そこでオルガン演奏や和声学を学ばせた。さらにアントニーンはプラハのオルガン学校で、教会音楽家になるための訓練を受ける。10代後半以降の彼はヴィオラ奏者としても有能になり、土地のオーケストラに加わって演奏するようにもなっていた。

20代に入った頃からドヴォルジャークは本格的に作曲を始め、最初の2曲の交響曲を1865（24歳）に書き上げたほか、室内楽曲、歌曲などを次々と作曲した。が、30歳代に入るまでは、作曲で生計を立てるには至らず、音楽教師としての収入が主であった。1873年、カンタータ〈賛歌：白山の後継者たち〉がプラハで初演され好評を得た。同年、結婚し、翌年3月には〈交響曲第3番変ホ長調〉がプラハで先輩スメタナの指揮により初演される。1874年夏、ドヴォルジャークは、当時設立された、若く貧しい芸術家を援助するための「オーストリア国家奨学金」に応募し交響曲ほかの作品を送るが、その審査員の中に高名な評論家のエドゥアルト・ハンスリック（1825〜1904）と、他ならぬヨハネス・ブラームス（1833〜97）が居り、彼らから認められたことが、彼の進路を大きく拓いた。ブラームスはドヴォルジャークに好意を寄せ、作品の出版に口利きをしてくれるなど、助力を惜しまなかった。

こうしてドヴォルジャークの作品、とりわけ室内楽曲や管弦楽曲、あるいはピアノ連弾曲（このジャンルでは1878年以降の〈スラヴ舞曲集〉が有名）、歌曲などは、ヨーロッパ諸国で広く演奏されるようになる。

1891年、50歳のドヴォルジャークはすでにチェコを代表する国民的作曲家と認められ、プラハ音楽院作曲科で教鞭を執る。1892年、彼はニューヨーク・ナショナル音楽院から院長として招聘され、いろいろな意味で視野を広げるとともに、これに機縁を得て〈新世界交響曲〉を発表する。帰国後、1895年にプラハ音楽院作曲家教授、1901年（60歳）には同院の院長に迎えられ、名声はさらに不動のものとなった。

ドヴォルジャークの作品は多くのジャンルに至り数多いが、特筆すべきものとしては、9つの交響曲〔第9番〈新世界より〉のほかに、第8番ト長調（1889）、第7番ニ短調（1884〜85）なども重要〕、〈チェロ協奏曲ロ短調〉（1894〜95）、〈ヴァイオリン協奏曲イ短調〉（1879〜80）、〈ピアノ協奏曲ト短調〉（1876）、管弦楽曲としてはピアノ連弾用から自ら編曲した〈スラヴ舞曲集〉（8曲ずつ2巻、全16曲。1878、'86〜87）、序曲〈謝肉祭〉（1891）、交響詩〈野鳩〉（1896）、同〈真昼の魔女〉（1896）、同〈金の

i

紡ぎ車〉(1896)ほかがある。また、ドヴォルジャークの場合それら以上に大切なのはかなり多く書かれ、しかも質の高さを保つ室内楽曲で、名作〈アメリカ〉(第12番、1893)をはじめ14曲も書かれた弦楽四重奏曲、弦楽六重奏曲、弦楽五重奏曲(3曲)、ピアノ五重奏曲(2曲、とりわけ第2番が有名)、ピアノ四重奏曲(2曲)、ピアノ三重奏曲(4曲、とりわけ第4番〈ドゥムキー〉が有名)、弦楽三重奏曲、ヴァイオリン・ソナタ、ヴァイオリンとピアノのためのソナチネ等々、枚挙にいとまがない。

■ ドヴォルジャークと歌劇、そしてその最後期の成果〈ルサルカ〉

以上には、世によりよく知られる器楽曲作家としてのドヴォルジャークについて主に述べたが、彼は一面、声楽曲にも終生にわたり関心を寄せ、熱意を注いだ作曲家であった。宗教的合唱音楽の畑にも〈レクイエム〉(1890)、〈スターバト・マーテル〉(1876〜77)といった傑作があり、歌曲(リート)の世界でも、歌曲集〈ジプシーの歌〉(1880)や〈聖書の歌〉(1884)はユニークな秀作として迎えられている。そして、歌劇のジャンルにも、ドヴォルジャークは、その初期から最晩年に至るまで、つねに浅からぬ愛着を示した。以下に、彼が発表した歌劇作品のリストを示してみよう(※印を付すものは喜歌劇)。

- 〈アルフレート〉(1870)
- 〈王様と炭焼き※〉第1作(1871)、第2作(1874)、第3作(1887)
- 〈頑固者たち※〉(1874)
- 〈ヴァンダ〉(1875)
- 〈いたずらな百姓※〉(1877)
- 〈ディミトリー〉第1作(1881〜83)、第2作(1894〜95)
- 〈ジャコバン党員〉(1897)
- 〈悪魔とカーチャ※〉(1898〜99)
- 〈ルサルカ〉(1900)
- 〈アルミダ〉(1902〜03)

—— 以上に掲げた中で、ドヴォルジャークの歌劇の代表作と呼べるものは、疑いなく、円熟期(59歳)に作曲され、「叙情的メルヘン」の副題を添えて、1901年

3月31日、プラハの国民劇場で初演された〈ルサルカ〉である。この歌劇は、チェコの民話にもとづくというヤロスラフ・クヴァピルの台本によって作曲されたもので、メルヘン的な素材を扱ったものだけに全篇が甘美さを帯びた親しみやすい旋律に満ち、ドヴォルジャークらしい管弦楽法の巧みさ、また彼がひところ傾倒したヴァーグナーの流儀に立つライトモティーフの活用なども利いて、チェコ本国のみならず世界中のオペラハウスから迎えられるだけの内容と魅力とを具えている。なお、オリジナルの台本チェコ語のほかに、早くから用いられたドイツ語版をはじめ、英語版などもある。

登場人物は、水の精ルサルカ(S)、王子(T)、男の水の精ヴォドニーク(B)、外国の王女(S)、魔女イェジババ(Ms)、狩猟頭(T)、料理番(S)、森の妖精たち、水の精たち、など。

第1幕はある湖畔の情景。森のニンフ(妖精)たちが歌いながら踊っている。かたわらには魔女イェジババの小屋が見える。夕方で、そろそろ月も出る頃。水の精ルサルカは湖のほとりの柳の枝に腰かけ、憂いに沈んでいる。男の水の精ヴォドニークはニンフたちの踊りを見て喜んでいるが、ルサルカは、年かさでいつも父親のように彼女を見守ってくれるヴォドニークに、自分の悲しみを訴える。この頃から湖に泳ぎに来る美男の王子に、ルサルカは深く恋してしまったのだ。泳いでいる王子に身を寄せても、王子はルサルカのことを水だとしか思わず気にも留めない。だから自分は、何とかして人間の姿になって王子と愛し合いたい。それを聞くとヴォドニークは、「それならイェジババに相談してみたら」と言う。ルサルカの頼みを聞いた魔女は、望みを叶えてやれるが、それには2つの条件がある、という。ひとつは、人間の姿になったルサルカは、口が利けなくなること。もうひとつは、もしも相手の王子が裏切ったら、2人の恋人には永遠の劫罰が待っていること。ルサルカはそれでも構いません、と答え、魔法によって世にも美しい乙女に変身する。夜が明けて湖のほとりへやってきた王子は、たちまち乙女に魅せられ、物言わぬ彼女を城へ連れ帰る。

第2幕は、王子の城。召使いたちは、王子が連れてきて、妃にするという不思議な娘のことを、あれこれ

語り合う。婚礼のため王子が招いた客のうちに、一人の美しい外国の王女がいる。王子はしだいに、物も言えず妙に肌の冷たい湖の乙女（ルサルカ）よりも、外国の王女のほうがよいと、心を移してしまう。ルサルカは王子を取り戻そうとするが、外国の王女から面と向かって辱められ、王子も助けてはくれない。庭へ走り出たルサルカは、池に潜んで様子を見守っていたヴォドニークに、事の次第を告げる。王子と外国の王女が抱き合う様子を見たヴォドニークは、王子に向かって「裏切りの罪は永遠に許されない」と告げる。王子は怖れおののき、王女に向かって「あなたが私を救って」と願うが、王女は取り合わず、彼をあざ笑って立ち去る。ヴォドニークはルサルカを元の湖へ連れ帰る。

　第3幕はふたたび森の湖畔。城から忠実な王子の家来、狩猟頭と料理番がやってくる。イェジババに頼めば、あれ以来すっかりふさぎ込んでいる王子を救う方法を教えてもらえないか、と来たのだ。が、イェジババは取り合わず、かえって、そこへ現われたヴォドニークの権幕に、家来たちは逃げ出す。ルサルカの悲しみを見たイェジババは、ひとふりの短刀を取り出し、これで王子の心臓を刺せば、その血でお前は生気を取り戻し、水の精として生きられる、と告げる。が、ルサルカは、そんなことはできないと、短刀を湖底へ投げてしまう。やがて、ものに憑かれたような様子で、王子が湖畔へやってくる。ルサルカと同じように、彼も蒼ざめ、やつれ果てている。彼は自分の心変わりを悔い、もう一度お前にキスがしたい、仲直りをさせてくれ、とルサルカに頼む。そのキスが彼の死を意味することを知っているルサルカは拒むが、王子は構わず彼女を抱きしめ、キスをすると、そのまま命を失って横たわる。ルサルカは、愛する王子に最期のキスをすると、天に向かって歌う――「（王子よ、）あなたの愛、あなたの美しさ、あなたの不実な人間の情熱、私の悲しい運命を招いたすべての物事に懸けて、神様があなたにお慈悲をかけてくださるように！」と。そしてルサルカは湖に沈んでゆく。

　このスコアのアリア〈月に寄せる歌〉は、第1幕で、湖畔の柳の枝に腰かけたルサルカが、月を見ながら歌うもので、このオペラの中の最初にして最上の聴きどころ

として名高くなっている。まずハープのアルペッジョが湖のイメージとルサルカの高まる想いを映し出し、弱音器をかけた弦合奏の上をクラリネット、オーボエが優しく歌ったのち、ルサルカの歌が始まる。森のさざめき、そして時に湖の水しぶきを表わすかのようなオーケストラに乗って、彼女は切々と、王子に寄せる慕情を、輝く月に訴える。

おお、紫の空に浮かぶ月よ
あなたの光は遠くまでも照らすのでしょう？
あなたは世界中をくまなく旅し
人の住まいの内までも見て回る
おお月よ、しばらく立ち止まって
私の想い人がどこにいるのか話しておくれ
おお、銀の月よ、彼に聴かせてやっておくれ
私の腕が（水の姿で）いつも彼を抱くことを、
たとえ一瞬でも彼が私の夢を見はしないかと
私が望みを抱いていると…
彼がどこに居ようと、彼のことを照らしておくれ
告げておくれ、ここで彼を待つ者のことを！
人の魂を持つ者がもし私を夢に見られるなら
目覚めてからもきっと私を想い出す…
〔月が雲に隠れるので〕おお、月よ、隠れてしまわないでおくれ！

　このあと、ルサルカは、こらえ切れぬように魔女イェジババを呼び、その智恵にすがる。

　このアリアのロマンティックで真情のこもる美しさを知った人は、ぜひ、歌劇〈ルサルカ〉の全曲にも関心を寄せてほしい。探せばCDも手に入るのだから。

（解説　濱田　滋郎）

ALBINONI
226 アダージョ ト短調　300

BACH
57 組曲 第1番 BWV 1066　400
56 組曲 第2番 BWV 1067　400
44 組曲 第3番 BWV 1068　700
153 組曲 第4番 BWV 1069　500
703 ブランデンブルク協奏曲 第3番 BWV 1048（自筆譜）　4500
705 ブランデンブルク協奏曲 第5番 BWV 1050（自筆譜）　5500
340 チェンバロ協奏曲 第1番 BWV 1052　500
95 ヴァイオリン協奏曲 イ短調 BWV 1041　500
96 ヴァイオリン協奏曲 ホ長調 BWV 1042　500
62 2つのヴァイオリンのための協奏曲 BWV 1043　600
98 オルガン曲集 I〔2曲〕　500
　トッカータとフーガ ニ短調 BWV 565／小フーガ BWV 578
122 オルガン曲集 II〔4曲〕　500
　大フーガ BWV 542／前奏曲とフーガ BWV 534, 541, 545
270 6声のリチェルカーレ（ヴェーベルン編）　700
278 カンタータ（心と口と行いと生活で）BWV 147　700

BARTÓK
326 中国の不思議な役人　2000
319 弦楽器と打楽器とチェレスタのための音楽
276 管弦楽のための協奏曲　1500
298 ルーマニア民俗舞曲　500
320 コントラスツ　800

BEETHOVEN
313 交響曲 第1番 ハ長調 op.21　800
314 交響曲 第2番 ニ長調 op.36　900
116 交響曲 第3番 変ホ長調（英雄）op.55　1200
315 交響曲 第4番 変ロ長調 op.60　900
32 交響曲 第5番 ハ短調（運命）op.67　1000
71 交響曲 第6番 ヘ長調（田園）op.68　1000
139 交響曲 第7番 イ長調 op.92　1400
140 交響曲 第8番 ヘ長調 op.93　900
100 交響曲 第9番 ニ短調（合唱付）op.125　1300
47 （エグモント）序曲　500
46 序曲（コリオラン）op.62　500
45 序曲（レオノーレ）第3番 op.72b　600
147 ピアノ協奏曲 第3番 ハ短調 op.37　1200
166 ピアノ協奏曲 第4番 ト長調 op.58　1300
61 ピアノ協奏曲 第5番 変ホ長調（皇帝）op.73　1300
61 ヴァイオリン協奏曲 ニ長調 op.61　900
40 ロマンス ヘ長調 op.40／ト長調 op.50　500
84 弦楽四重奏曲 第1番 ヘ長調 op.18-1　500
85 弦楽四重奏曲 第2番 ト長調（挨拶）op.18-2　500
86 弦楽四重奏曲 第3番 ニ長調 op.18-3　500
87 弦楽四重奏曲 第4番 ハ短調 op.18-4　500
88 弦楽四重奏曲 第5番 イ長調 op.18-5　500
89 弦楽四重奏曲 第6番 変ロ長調 op.18-6　600
144 弦楽四重奏曲 第7番 ヘ長調（ラズモフスキイ）op.59-1　600
145 弦楽四重奏曲 第8番 ホ短調（ラズモフスキイ）op.59-2　500
146 弦楽四重奏曲 第9番 ハ長調（ラズモフスキイ）op.59-3　600
135 弦楽四重奏曲 第16番 ヘ長調 op.135　500
167 ピアノ三重奏曲 第5番 ニ長調（幽霊）op.70-1　600
107 ピアノ三重奏曲 第7番 変ロ長調（大公）op.97　700
83 弦楽三重奏曲 変ホ長調 op.3　500
159 セレナード ニ長調 op.8（Vn, Va, Vc）　400
163 セレナード ニ長調 op.25（Fl, Vn, Va）　500
603 ヴァイオリン・ソナタ イ長調（クロイツェル）op.47　500

BERG
332 ヴァイオリン協奏曲　1300

BERLIOZ
353 （ベンヴェヌート・チェッリーニ）序曲　500
66 幻想交響曲 op.14　1100
405 葬送と勝利の大交響曲 op.15（吹奏楽）　1200
42 序曲（ローマの謝肉祭）op.9　600
39 （ファウストの劫罰）ハンガリー行進曲　600

BIZET
76 （カルメン）第1組曲　600
182 （カルメン）第2組曲　900
26 （アルルの女）第1組曲　500
27 （アルルの女）第2組曲　500
155 小組曲（子供の遊び）　700

BOÏELDIEU
38 （バグダッドの回教徒）序曲　500

BORODIN
90 （イーゴリ公）ダッタン人の踊り　800
29 中央アジアの草原にて　400
277 弦楽四重奏曲 第2番 ニ長調　500

BRAHMS
80 交響曲 第1番 ハ短調 op.68　1100
310 交響曲 第2番 ニ長調 op.73　900
311 交響曲 第3番 ヘ長調 op.90　1500
312 交響曲 第4番 ホ短調 op.98　1600
309 ハイドンの主題による変奏曲 op.56a　700
258 大学祝典序曲 op.80　700
368 悲劇的序曲 op.81　予定
83 ヴァイオリン協奏曲 ニ長調 op.77　1400
192 ハンガリー舞曲 第1, 5, 6番　300
200 ハンガリー舞曲 第3, 7, 10番　600
241 ハンガリー舞曲 第4番（ユオン編）　400
171 弦楽五重奏曲 第1番 ヘ長調 op.88　600
136 ピアノ五重奏曲 ヘ短調 op.34　600
108 クラリネット五重奏曲 ロ短調 op.115　600
616 ハンガリー舞曲 第1〜10番〔Pf〕　600

BRUCH
77 ヴァイオリン協奏曲 第1番 ト短調 op.26　1000
269 スコットランド幻想曲 op.46　1200
220 コル・ニドライ op.47　500

CHABRIER
162 狂詩曲（スペイン）　800

CHOPIN
327 ピアノ協奏曲 第1番 ホ短調 op.11　1700

CORELLI
168 クリスマス協奏曲　500

DEBUSSY
188 牧神の午後への前奏曲　700
346 海　1400

DE FALLA
335 （はかなき人生）スペイン舞曲 第1番　800
242 恋は魔術師　1300
243 三角帽子　2200
363 スペインの庭の夜　1300

DELIBES
235 （コッペリア）〔抜粋〕　1500
238 （シルヴィア）組曲　1300

DELIUS
272 小管弦楽のための小品〔2曲〕　400
　春初めてのカッコウを聞いて／河の上の夏の夜
275 ブリッグの定期市　700

DOPPLER
197 ハンガリー田園幻想曲 op.26　400

DUKAS
237 魔法使いの弟子　1000

DVOŘÁK
369 （ルサルカ）月に寄せる歌　400
356 交響曲 第8番 ト長調 op.88　1500
82 交響曲 第9番 ホ短調（新世界より）op.95　900
83 スラヴ舞曲 第1番 ハ長調 op.46-1　400
81 スラヴ舞曲 第2番 ホ短調 op.46-4　500
117 セレナード ホ長調 op.22　700
97 チェロ協奏曲 ロ短調 op.104　1500
124 弦楽四重奏曲 ヘ長調（アメリカ）op.96　500

ELGAR
290 交響曲 第1番 変イ長調 op.55　1600
288 序曲（フロワサール）op.19　800
271 変奏曲（謎）op.36　1400
299 序曲（南国にて）op.50　1200
291 愛の挨拶 op.12　400
292 セレナード ホ短調 op.20　400
293 序奏とアレグロ op.47　600
70 ソスピーリ op.70　300
289 チェロ協奏曲 ホ短調 op.85　1000

ENESCO
287 ルーマニア狂詩曲 第1番 イ長調 op.11-1　1000

FAURÉ
305 ペレアスとメリザンド op.80　700

FRANCK
366 交響曲 ニ短調　予定

GLINKA
161 （ルスランとリュドミラ）序曲　700

GLUCK
294 （オルフェオとエウリディーチェ）精霊の踊り　400

GOUNOD
317 （ファウスト）バレエ音楽　1100
25 操り人形の葬送行進曲　700

GRIEG
101 （ペール・ギュント）第1組曲 op.46　600
102 （ペール・ギュント）第2組曲 op.55　500
154 組曲（ホルベアの時代より）op.40　500
280 2つの悲しい旋律 op.34　500
25 ピアノ協奏曲 イ短調 op.16　1400

HANDEL
99 （アルチーナ）〔抜粋〕　200
113 （セルセ）オンブラ・マイ・フ　400
121 （水上の音楽）第1組曲　500
148 （水上の音楽）組曲（ハーティ編）　500
101 組曲（王宮の花火の音楽）　500
142 メサイア　2400
169 合奏協奏曲 ヘ長調 op.6-2　400
170 合奏協奏曲 ニ短調 op.6-10　400
341 オルガン（ハープ）協奏曲 変ロ長調 op.4-6　500

HAYDN
20 交響曲 第94番 ト長調（驚愕）　600
19 交響曲 第100番 ト長調（軍隊）　600
156 ピアノ協奏曲 ニ長調 op.21　600
157 チェロ協奏曲 ニ長調 op.101　600
172 弦楽四重奏曲 変ロ長調（狩猟）op.1-1　300
21 弦楽四重奏曲 ヘ長調（セレナード）op.3-5　400
173 弦楽四重奏曲（レクイティーオ）op.17-5　300
174 弦楽四重奏曲 イ長調 op.20-6　300
175 弦楽四重奏曲 ハ長調（鳥）op.33-3　400
176 弦楽四重奏曲 ト長調 op.54-1　400
141 弦楽四重奏曲 ニ長調 op.55-2　400
177 弦楽四重奏曲 ヘ短調（剃刀）op.55-2　400
22 弦楽四重奏曲 ニ長調（ひばり）op.64-5　400
178 弦楽四重奏曲 ト短調（騎士）op.74-3　400
179 弦楽四重奏曲 ニ短調（五度）op.76-2　400
180 弦楽四重奏曲 ハ長調（皇帝）op.76-3　400
94 弦楽四重奏曲 変ロ長調（日の出）op.76-4　400
181 弦楽四重奏曲 ニ短調（挨拶）op.77-1　400
118 ピアノ三重奏曲 ト長調 op.73-2　500

HOLST
240 組曲（惑星）op.32　1800
348 セントポール組曲 op.29-2／ブルックグリーン組曲　700
405 吹奏楽のための第1組曲 op.28-1〔吹奏楽〕
406 吹奏楽のための第2組曲 op.28-2〔吹奏楽〕
409 ムーアサイド組曲〔吹奏楽〕　予定

HUMPERDINCK
123 （ヘンゼルとグレーテル）前奏曲　500

IPPOLITOV-IVANOV
125 組曲（コーカサスの風景）op.10　600

JANÁČEK
286 シンフォニエッタ　1000

KALINNIKOV
334 交響曲 第1番 ト短調　2000

KHACHATURIAN
120 （ガイーヌ）第1組曲　700

KETÈLBEY
202 ペルシアの市場にて　600

LALO
78 スペイン交響曲 op.21　1300

LEHÁR
306 （メリー・ウィドウ）ワルツ　400
358 金と銀　800

LEONCAVALLO
345 （道化師）間奏曲　400

LISZT
328 前奏曲　1100
290 ピアノ協奏曲 第1番 変ホ長調　400
65 ハンガリー狂詩曲 第2番（ベルクハウス編）　800

LYADOV
28 8つのロシア民謡 op.58　600

MAHLER
329 交響曲 第5番 嬰ハ短調　2200
308 アダージェット（交響曲第5番より）　400

MASCAGNI
299 （カヴァレリア・ルスティカーナ）間奏曲　300

MASSENET
225 （タイス）瞑想曲　400

MEYERBEER
229 （予言者）戴冠式行進曲　400

MENDELSSOHN
143 交響曲 第4番 イ長調（イタリア）op.90　1000
9 （真夏の夜の夢）op.61〔抜粋〕　800
187 （真夏の夜の夢）結婚行進曲　400
8 序曲（真夏の夜の夢）op.21　400
72 序曲（フィンガルの洞窟）op.26　600
73 ヴァイオリン協奏曲 ホ短調 op.64　700

MOZART, Leopold
79 おもちゃの交響曲　300

MOZART, Wolfgang Amadeus
30 （フィガロの結婚）序曲　400
52 （ドン・ジョヴァンニ）序曲　400
17 （魔笛）序曲　400
316 交響曲 第25番 ト短調 KV 183　600
324 交響曲 第39番 変ホ長調 KV 543　800
18 交響曲 第40番 ト短調 KV 550　800
16 交響曲 第41番 ハ長調（ジュピター）KV 551　800
4 3つのディヴェルティメント KV 136〜138　500
333 ディヴェルティメント KV 334　800
150 セレナータ・ノットゥルナ KV 239　500
50 アイネ・クライネ・ナハトムジーク KV 525　300
3 ドイツ舞曲集〔6曲〕　300
　KV 600 No.1, 2, 5他／KV 602 No.3／KV 605 No.2, 3他
131 ピアノ協奏曲 ニ短調 KV 466　1000
132 ピアノ協奏曲 イ長調 KV 488　1000

No.	曲目	価格
133	ピアノ協奏曲 ニ長調〈戴冠式〉KV 537	900
119	フルート協奏曲 ト長調 KV 313	600
151	フルート協奏曲 ニ長調 KV 314	600
49	クラリネット協奏曲 イ長調 K. 622	900
149	クラリネット五重奏曲 イ長調 K. 581	900
231	弦楽四重奏曲 変ロ長調〈狩〉K. 458	500
134	フルート四重奏曲 イ長調 K.298	300
152	フルート四重奏曲 ニ長調 K. 285	300
211	フルートとチェロのためのソナタ K. 292	300
48	モテット〈アヴェ・ヴェルム・コルプス〉K. 618	300

MUSORGSKY
No.	曲目	価格
31	〈ホヴァンシチナ〉前奏曲	200
23	禿山の一夜（リムスキィ=コルサコフ編）	800
212	展覧会の絵（ラヴェル編）	2000
602	組曲〈展覧会の絵〉〔Pf〕	300

NICOLAI
135	〈ウィンザーの陽気な女房たち〉序曲	700

OFFENBACH
189	〈天国と地獄〉序曲	700
227	〈ホフマン物語〉間奏曲／舟歌	300

PACHELBEL
97	カノン ニ長調	400

PAGANINI
104	ヴァイオリン協奏曲 第1番 ニ長調 op. 6	700
22	ラ・カンパネッラ	300

PONCHIELLI
213	〈ジョコンダ〉時の踊り	700

PROKOFIEV
58	ピーターと狼 op. 67	800

PUCCINI
295	〈トゥーランドット〉誰も寝てはならぬ！	300

RAKHMANINOV
No.	曲目	価格
318	交響曲 第2番 ホ短調 op. 27	2000
273	ピアノ協奏曲 第2番 ハ短調 op. 18	900
322	ピアノ協奏曲 第3番 ニ短調 op. 30	1500
323	パガニーニの主題による狂詩曲 op. 43	1400
297	ヴォカリーズ	300

RAVEL
No.	曲目	価格
349	子供と魔法	2400
255	スペイン狂詩曲	1200
254	亡き王女のためのパヴァーヌ	400
251	マ・メール・ロア	900
261	高雅にして感傷的なワルツ	900
	〈ダフニスとクロエ〉第2組曲（B5判）	2500
257	道化師の朝の歌（B5判）	800
253	クープランの墓	1000
256	ラ・ヴァルス	2000
211	ボレロ	400
260	古風なメヌエット	600
262	ツィガーヌ	400
263	ピアノ協奏曲 ト長調	1400
264	左手のための協奏曲	1300
265	弦楽四重奏曲 ヘ長調	700
617	水の戯れ〔Pf〕	400

RESPIGHI
No.	曲目	価格
350	シバの女王ベルキス	1200
214	ローマの噴水	900
221	ローマの松	1500
222	ローマの祭り	1500
232	古風な舞曲とアリア 第3組曲	900

RIMSKY-KORSAKOV
No.	曲目	価格
33	〈サルタン皇帝の物語〉熊蜂の飛行	300
34	スペイン奇想曲 op. 34	500
69	組曲〈シェエラザード〉op. 35	1500
402	クラリネットと吹奏楽のためのコンツェルトシュテュック〔吹奏楽〕	900

ROSSINI
No.	曲目	価格
51	〈絹の梯子〉序曲	500
13	〈セビーリャの理髪師〉序曲	700
343	〈泥棒かささぎ〉序曲	900
321	〈セミラーミデ〉序曲	900
12	〈ウィリアム・テル〉序曲	700

SAINT-SAËNS
No.	曲目	価格
230	〈サムソンとデリラ〉バッカナール	600
267	交響曲 第3番 ハ短調〈オルガン付〉op. 78	1000
248	死の舞踏 op. 40	400
205	〈アルジェリア組曲〉フランス軍隊行進曲	400
185	動物の謝肉祭	700
209	ヴァイオリン協奏曲 第3番 ロ短調 op. 61	900
274	チェロ協奏曲 第1番 イ短調 op. 33	900
223	序奏とロンド・カプリチオーソ op. 28	1000
224	ハバネラ op. 83	700

SARASATE
No.	曲目	価格
190	ツィゴイネルワイゼン op. 20 〔Vn, Orch〕	600
610	ツィゴイネルワイゼン op. 20 〔Vn, Pf〕	200
342	カルメン幻想曲 op. 25	1200

SATIE
239	3つのジムノペディ（ドビュッシイ編）	500

SCHMITT, Florent
410	ディオニソスの祭り op. 62-1〔吹奏楽〕	1500

SCHÖNBERG
408	主題と変奏 op. 43a〔吹奏楽〕	1000
347	浄められた夜 op. 4	1000

SCHUBERT
No.	曲目	価格
67	〈ロザムンデ〉序曲	700
352	〈ロザムンデ〉間奏曲 第3番	500
24	交響曲 第7番 ロ短調〈未完成〉	700
137	ピアノ五重奏曲 イ長調〈鱒〉op. 114	600
337	弦楽四重奏曲 ニ短調〈死と乙女〉	900
138	ピアノ三重奏曲 変ロ長調 op. 99	600

SCHUMANN
105	ピアノ協奏曲 イ短調 op. 54	1600

SIBELIUS
No.	曲目	価格
352	交響曲 第1番 ホ短調 op. 39	予定
300	交響曲 第2番 ニ長調 op. 43	1400
359	交響曲 第5番 変ホ長調 op. 82	1500
360	交響曲 第7番 ハ長調 op. 105	1300
307	組曲〈カレリア〉op. 11	800
110	トゥオネラの白鳥 op. 22-2	400
109	フィンランディア op. 26	300
361	タピオラ op. 112	1000
301	悲しいワルツ op. 44-1	400
302	アンダンテ・フェスティーヴォ	300
303	ヴァイオリン協奏曲 ニ短調 op. 47	1300
251	ラカスタヴァ op. 14	400

SMETANA
No.	曲目	価格
93	〈売られた花嫁〉序曲	700
60	〈我が祖国〉モルダウ	700
285	弦楽四重奏曲 ホ短調〈我が生涯より〉	600

SOUSA
403	星条旗よ永遠なれ〔吹奏楽〕	700

STRAUSS, Johann I
215	ラデツキー行進曲 op. 228	400

STRAUSS, Johann II
No.	曲目	価格
4	〈蝙蝠〉序曲	600
1	美しく青きドナウ op. 314	800
34	芸術家の生活 op. 316	700
3	ウィーンの森の物語 op. 325	700
332	ハンガリー万歳！op. 332	700
126	酒・女・歌 op. 333	700
245	ウィーン気質 op. 354	700
2	南国の薔薇 op. 388	700
244	春の声 op. 410	700
35	皇帝円舞曲 op. 437	800
29	アンネン・ポルカ op. 117	500
247	トリッチ・トラッチ・ポルカ op. 214	500
217	雷鳴と電光 op. 324	400
336	チクタク・ポルカ op. 365	500
218	ピツィカート・ポルカ／新ピツィカート・ポルカ op. 449	500
216	常動曲 op. 257	400

STRAUSS, Josef
246	天体の音楽 op. 235	700

STRAUSS, Richard
No.	曲目	価格
331	〈サロメ〉7つのヴェールの踊り	900
330	アルプス交響曲 op. 64	1800
281	ドン・ファン op. 20	800
282	ティル・オイレンシュピーゲルの愉快ないたずら op. 28	1000
283	ツァラトゥストラはかく語りき op. 30	1200
284	英雄の生涯 op. 40	2000

SUPPÉ
236	〈詩人と農夫〉序曲	600
191	〈軽騎兵〉序曲	600

TCHAIKOVSKY
No.	曲目	価格
279	〈エフゲニ・オネーギン〉ポロネーズとワルツ	1000
5	〈白鳥の湖〉組曲 op. 20a	700
183	〈眠れる美女〉ワルツ	400
6	〈胡桃割り人形〉op. 71a	700
338	交響曲 第1番 ト短調〈冬の日の幻想〉op. 13	1500
128	交響曲 第4番 ヘ短調 op. 36	1500
129	交響曲 第5番 ホ短調 op. 64	1500
130	交響曲 第6番 ロ短調〈悲愴〉op. 74	1500
112	序曲〈ロメオとジュリエット〉	900
7	スラヴ行進曲 op. 31	500
234	イタリア奇想曲 op. 45	1100
40	祝典序曲〈1812年〉op. 49	900
127	弦楽セレナード ハ長調 op. 48	900
160	ピアノ協奏曲 第1番 変ロ短調 op. 23	1400
74	ヴァイオリン協奏曲 ニ長調 op. 35	1400
75	弦楽四重奏曲 第1番 ニ長調 op. 11	700

TELEMANN
No.	曲目	価格
55	組曲 ヘ長調〔2Hr, 2Vn, bc〕	400
103	組曲 イ短調〔Fl, Str, bc〕	500
203	〈ターフェルムジーク〉第2集 四重奏曲	500

THOMAS
43	〈ミニヨン〉序曲	500

VERDI
No.	曲目	価格
196	〈トロヴァトーレ〉〔抜粋〕	400
325	〈椿姫〉第1幕への前奏曲	400
344	〈シチリア島の夕べの祈り〉序曲	1000
233	〈運命の力〉序曲	600
195	〈アイーダ〉大行進曲	300

VIVALDI
No.	曲目	価格
193	〈調和の霊感〉協奏曲 第1〜6番	1100
194	〈調和の霊感〉協奏曲 第7〜12番	1200
91	〈調和の霊感〉第6番	300
92	ヴァイオリン協奏曲 ト短調 op. 6-1	300
184	四季	900
205	フルート協奏曲 ハ長調 F. VI-1	400
206	2つのフルートのための協奏曲 F. VI-2	400
207	フルート協奏曲 ニ長調 F. VI-3	400
198	ピッコロ協奏曲 ハ長調 F. VI-4	600
204	ピッコロ協奏曲 ハ長調 F. VI-5	600
210	フルート協奏曲 ト長調 F. VI-6	400
165	フルート協奏曲 ハ長調〈海の嵐〉F. VI-12	400
208	フルート協奏曲 ト短調〈夜〉F. VI-13	400
164	フルート協奏曲〈五色ひわ〉F. VI-14	400

WAGNER
No.	曲目	価格
357	〈リエンツィ〉序曲	1000
37	〈タンホイザー〉序曲	1000
53	〈ローエングリン〉第1, 3幕への前奏曲	500
186	〈ローエングリン〉婚礼の合唱	400
54	〈ニュルンベルクのマイスタージンガー〉第1, 3幕への前奏曲	800
358	ヴァルキューレの騎行	1200

WALDTEUFEL
351	スケーターズ・ワルツ	800

WEBER
No.	曲目	価格
10	〈魔弾の射手〉序曲	500
367	〈オイリアンテ〉序曲	予定
11	〈オベロン〉序曲	500
41	舞踏への勧誘（ベルリオーズ編）	500

WEILL
404	小さな三文音楽〔吹奏楽〕	1000

WOLF-FERRARI
201	〈聖母の宝石〉間奏曲 第1番	500

ピアノ・スコア
No.	曲目	価格
601	DELIBES 〈コッペリア〉	500
604	GRIEG 〈ペール・ギュント〉第1組曲	200
606	KETÈLBEY ペルシアの市場にて	200
607	OFFENBACH 〈天国と地獄〉序曲	300
608	SCHUBERT 交響曲 第7番〈未完成〉	500
611	シュトラウス・ワルツ集〔7曲〕	500
612	ワルツ名曲〔15曲〕	500
613	歴史的行進曲集〔30曲〕	500
614	BEETHOVEN 交響曲 第5番〈運命〉	500

専門書
No.	曲目	価格
901	溝部 國光 正しい音階（音楽音響学）	2200
902	溝部 國光 念心のリズム（太鼓の科学）	2200
903	いとうごお アイルランド音楽事典	2500
907	箕輪 響 ウィンド・アンサンブル作品ガイド	1300

教則本
No.	曲目	価格
904	佐々木 茂生 ヴァイオリンのための 初めての重音練習	800
905	比留智 和夫 ベリオ &ダンクラ Vaポジション教本	1700
906	五十嵐 守廣 バッハ 無伴奏Vnソナタ &パルティータ	1800

※表示は税抜価格です。
※商品代金のほかに別途消費税がかかります。
本社へ直接ご注文は振替送金が便利確実です。
振替 00110-8-186573
送料一律300円で商品代金+税が...
商品代金合計3000円以上の場合は送料サービス。
※定価は予告なく変わることがあります。
商品に関するお問い合わせ
編集部(03)3970-3155／商品管理部(03)3999-5627
ご注文は右記へ FAX(03)3577-3571
日本楽譜出版社
〒176-0022東京都練馬区向山4-20-2
http://nihongakufu.com/

Kleine Partitur No. 369

Antonín Dvořák

〈ルサルカ〉月に寄せる歌
平成28年7月1日　初版発行

解説者　濱田　滋郎
発行者　伊藤　紗季江
発行所　㈲日本楽譜出版社
〒176-0022　東京都練馬区向山4丁目20番2号
ＴＥＬ　03－3999－5627（代表）
ＦＡＸ　03－3577－3571
ＵＲＬ　http://nihongakufu.com/
振　替　00110－8－186573
印　刷　㈱東和

Printed in Japan　© 2016 Nippon Gakufu Ltd　複製厳禁